7 PECCATI INCANTESIMI INFERNALI

M. Garada

Copyright © 2021 Michael Kelly
Tutti i diritti riservati.

Titolo dell'opera originale:"7 Spells *for 7 Sins*" *2021*

Traduzione dall'inglese: Antonietta Micheli.
Grafica e layout: Apophis Club Publications.

Ogni utilizzo e riproduzione, sotto qualsiasi forma, sono proibiti, salvo preventiva autorizzazione scritta da parte dell'autore.

ISBN: 9798385625161

Indice

I Grimori Draconiani 5

COS'È LA MAGIA DRACONIANA 7

Come funziona la Magia 9

    Volontà 9

    Immaginazione 10

    Desiderio 14

    Fiducia 16

    Manifestazione dei risultati 17

.... 19

I SETTE PECCATI CAPITALI 21

SETTE DEMONI PER SETTE PECCATI 27

LE INVOCAZIONI 33

INVOCAZIONE AL POTERE DELLA GOLA 37

INVOCAZIONE AL POTERE DELL'ACCIDIA 41

INVOCAZIONE AL POTERE DELLA LUSSURIA 45

INVOCAZIONE AL POTERE DELL'AVARIZIA 49

INVOCAZIONE AL POTERE DELL'IRA 53

INVOCAZIONE AL POTERE DELL'INVIDIA 57

INVOCAZIONE DEL POTERE DELLA SUPERBIA 61

CONCLUSIONE..65

La serie principale dei Titoli dell'Apophis Club.................67

I Grimori Draconiani..68

Le guide rapide dell'Apophis Club....................................69

Indice delle immagini...70

I Grimori Draconiani

I Grimori Draconiani sono una serie di libri di incantesimi e rituali, potenti e immediatamente accessibili, sviluppati nell'ambito del sistema di Magia Draconiana insegnato da Magister Michael Kelly ed esposto nella sua serie di libri.

Michael Kelly è stato Gran Maestro del Tempio di Set nell' Ordine del Leviatano e ha successivamente fondato la sua scuola: l'Apophis Club: un gruppo di studio dove diversi temi vengono discussi, approfonditi e affrontati nei loro aspetti pratici.

Recentemente, Magister Kelly ha parlato del periodo in cui ha iniziato a studiare la magia e dei meravigliosi libri di incantesimi che erano disponibili quando lui era ragazzo. Ha espresso il desiderio di veder tornare libri come quelli, in modo che i neofiti della magia non si perdano nell'infinito apprendimento della teoria, ma abbiano un mezzo per fare immediatamente pratica, attraverso metodi che portino risultati certi, alimentando l'immaginazione del mago e dandogli quel senso di meraviglia così prezioso e perduto. Pur essendo indipendente, questa serie di libri viene prodotta con la supervisione diretta di Magister Kelly e comprende titoli firmati dagli iniziati dell'Apophis Club, oltre che dallo stesso Kelly.

Per chi volesse approfondire, i testi di carattere iniziatico della scuola sono disponibili in appendice.

COS'È' LA MAGIA DRACONIANA

La Magia Draconiana prende il suo nome da un concetto di Vuoto primordiale e senza tempo, il Nulla che esisteva prima della creazione dell'Universo e che esisterà dopo la fine dell'Universo. Questo vuoto, che in realtà è denso di potenziale e di creatività, è l'origine della coscienza umana ed è stato rappresentato da antiche tradizioni come un gigantesco drago. E' stato il desiderio del Drago di esprimersi che ha portato alla creazione dell'Universo, plasmato dall'infinito potenziale del Vuoto, dal quale ogni cosa ha avuto origine e dal quale continua a trasformarsi ed espandersi nel meraviglioso frattale che costituisce la realtà.

Tutto ciò che esiste deriva dal Vuoto e tutto ciò che esiste è soffuso della coscienza del Drago primordiale. La nostra coscienza, evoluta in milioni di anni, è una piccola scintilla della mente di questo Serpente eterno. In questo senso, siamo tutti figli del Drago. La Magia Draconiana riconosce le radici del nostro io nel Drago e punta ad attingere a questo infinito potenziale per plasmare nuovamente il Vuoto e fargli assumere forme nuove, manifestare cioè quello che desideriamo. Questa filosofia può essere applicata a diverse tradizioni, così può esistere, ad esempio, una Magia Draconiana runica, enochiana, druidica.

Quello che rende unico il percorso Draconiano è l'approccio alla cosiddetta Alta Magia, cioè quella compiuta, non per ottenere risultati pratici nel mondo, ma per il proprio sviluppo personale e iniziazione. Questo percorso, nella scuola di Magister Kelly, è articolato seguendo la metafora del Drago dalle sette teste. Ogni testa rappresenta un aspetto e uno stadio dello sviluppo personale e il mago può lavorare su se stesso per conoscere, ampliare e diventare padrone di queste parti di sé.

Ma per quanto riguarda la magia pratica, ogni sistema di magia può essere usato, da cui la varietà delle tradizioni che troverete in questi grimori. La scuola del Maestro Kelly pone un forte accento sull'importanza della pratica magica, perché è anche da essa che veniamo iniziati.

Come funziona la Magia

I grimori di questa serie sono stati concepiti per far sì che i neofiti della magia utilizzino con successo gli incantesimi per provocare cambiamenti reali nella loro vita. Sono brevi: la teoria e la filosofia siano ridotte al minimo, per poter entrare subito nel vivo del lavoro. Perché è proprio per questo che si compra un libro di incantesimi, no? Perché qualcosa nella nostra vita è insoddisfacente e vogliamo trovare un modo per cambiarlo! La magia può aiutarvi a farlo, ma solo se la praticate davvero, non basta leggere un libro per cambiare le cose. Prima che vi mettiate all'opera, tuttavia, ci sono alcune abilità che dovrete sviluppare per rendere la vostra magia il più potente possibile, quindi in questo capitolo ve le illustrerò nel minor numero di parole possibile, insieme agli esercizi che vi aiuteranno a svilupparle e a migliorarle.

Volontà

Per ottenere qualcosa con la magia, dovete esercitare la vostra volontà. Gli incantesimi di questo libro focalizzeranno e indirizzeranno la vostra volontà, perché si imponga sullo stato delle cose attuali. Naturalmente, è necessario sapere cosa si vuole veramente. Una vaga idea non è sufficiente. Dovete essere in grado di definire e dichiarare con parole chiare e brevi esattamente ciò che volete e perché. Essere chiari e concisi sui propri desideri mette a fuoco la volontà. Quando parlo di volontà non intendo la 'forza di volontà' che vi fa sforzare, concentrandovi finché non vi scoppia la testa. La volontà consiste nel pensare chiaramente a ciò che si vuole, senza vaghezze o imprecisioni. La volontà è avere un'idea potente precisa e chiara. Potete preparare la vostra volontà a lanciare un incantesimo prendendovi il tempo necessario per riflettere su ciò che volete prima di iniziare, fino a poterlo affermare chiaramente e con assoluta certezza in un'unica breve frase. Per ogni incantesimo verranno forniti alcuni esempi, ma è importante comprendere questo principio. Un incantesimo per "raddoppiare il mio stipendio attraverso una promozione o un lavoro migliore" avrà probabilmente successo, mentre "um... ehm... un po' di soldi in più, qualche volta potrebbero essere graditi" probabilmente non otterrà grandi risultati. Siate precisi e sicuri di ciò che volete, senza riserve.

IMMAGINAZIONE

Per praticare con successo la magia è necessario avere anche una buona immaginazione. In particolare, dovete essere in grado di visualizzare chiaramente. Il motivo è che l'immaginazione è il tramite e la forza formatrice della magia. Osservate la parola "im-magi-nazione", essa contiene la parola magia.

Una volta che avete deciso con precisione che cosa volete, dovete usare l'immaginazione per figurarvi come sarà quando lo otterrete. Se volete un amante sexy, dovete essere in grado di immaginarvi con quell'amante sexy tra le vostre braccia. Se volete la ricchezza, dovete essere in grado di immaginarvi mentre vivete la bella vita, con una bella casa, un conto in banca a molte cifre, ecc. Ci sono due motivi per cui questo è importante. Il primo è che se non riuscite nemmeno a immaginarvi in una situazione, forse state sparando troppo in alto. Deve essere qualcosa che potete vedere come possibile, altrimenti il vostro subconscio - la parte della vostra mente che si collega alle correnti del mondo manifesto e le rimodella - lo rifiuterà. Dovete quindi essere in grado di concepire e immaginare pienamente i risultati del cambiamento desiderato nella realtà. In secondo luogo, il vostro subconscio si imprime al meglio attraverso le immagini e guarderà alle immagini che formate nella vostra immaginazione per determinare ciò che volete veramente e come lo volete. Alcune persone dicono di non avere immaginazione o di non essere in grado di visualizzare. Ma molti di loro ci riescono, solo che non si sforzano abbastanza. Chiedete loro di ricordare uno dei loro ricordi preferiti, soprattutto se si tratta di un ricordo che suscita emozioni, e vedrete che l'immagine salterà fuori molto rapidamente! Quando si visualizza, è la stessa cosa al contrario: con i ricordi, il subconscio comunica con voi creando un'immagine nella vostra immaginazione; con la visualizzazione, siete voi che comunicate con il vostro subconscio dicendogli cosa deve vedere, in sostanza quello che state facendo è cercare di immaginare il ricordo del vostro glorioso, magico futuro prima che sia ancora accaduto. Comprendere il processo in questo modo può aiutare alcune persone a superare il loro blocco immaginativo. Tuttavia, c'è una minoranza di persone che fa davvero fatica a usare l'immaginazione visiva. Se siete una di queste persone, potete comunque usare i vostri ricordi per scoprire la chiave per procedere. Anche se non pensate visivamente, avete comunque dei ricordi. Richiamate un ricordo forte. Anche se non avete un'immagine visiva nella vostra mente, prendete nota di come vi si presenta. Come lo ricordate? Forse è un misto di suoni, parole o altre impressioni sensoriali? Una volta analizzato il modo in cui accedete ai vostri ricordi e li sperimentate, avete imparato il metodo con cui il vostro subconscio comunica con voi. Se lo invertite, utilizzando le stesse impressioni e sensazioni per immaginare l'obiettivo che desiderate raggiungere, questo sarà il modo più perfetto per comunicare con il vostro subconscio. In qualsiasi modo immaginiate, visivamente o in altro modo, sarete felici di sapere che ci sono modi per migliorare e sviluppare le vostre capacità in modo straordinario. Immaginate un'arancia. All'inizio può sembrare semplice, una forma approssimativamente circolare di colore arancione. Ma poi aggiungete tutta la bella consistenza della buccia e le leggere variazioni di tonalità. Ora avete aggiunto un elemento tattile alla vostra immaginazione. A questo aggiungete di bucare la pelle con l'unghia del pollice e iniziare a sbucciare l'arancia. Ora sentirete anche la consistenza della polpa interna e il succo che sgorga. Potrete sentire il meraviglioso aroma degli agrumi e il suono sensuale della buccia che si separa dalla polpa. A questo punto potrebbe letteralmente venirvi l'acquolina in bocca. Se è così, è fantastico, perché la vostra immaginazione sta avendo una vera e propria reazione fisiologica. Sollevate quindi l'arancia immaginaria sbucciata e assaggiatene un po'. Immaginate il suo sapore intenso mentre i suoi succhi vi inondano la bocca. E sapete cosa? Non state più semplicemente "visualizzando", ma state immaginando con tutti e cinque i sensi! Esercitatevi spesso in questo piccolo esercizio e vi stupirete di quanto rapidamente diventerà più intenso e "reale". Sviluppare questa abilità darà enormi benefici al successo della vostra magia.

Desiderio

Può sembrare strano doverlo precisare, ma dovete assicurarvi di volere davvero ciò che chiedete quando usate la magia per ottenere i vostri desideri. In altre parole, prendetevi del tempo per determinare che cosa volete veramente. Questo fa parte del processo di "volontà" già accennato, ma c'è un altro aspetto molto importante. Siate consapevoli delle conseguenze e dei benefici derivanti dall'ottenimento dei vostri obiettivi. Se non siete soddisfatti del vostro reddito, siete pronti per gli sconvolgimenti e i cambiamenti di vita che comporterà un nuovo lavoro o una nuova carriera, che potrebbe richiedere un trasferimento? Se lanciate un incantesimo per incantare qualcuno a fare sesso con voi, siete pronti ad affrontare le conseguenze, soprattutto se voi - o loro - vi tradiranno? Una volta che avete usato la magia per attirare una persona verso di voi, questa potrebbe rimanere nei paraggi se poi volete liberarvene. Né gli spiriti, né i poteri dell'universo, né la vostra volontà inconscia saranno impressionati se poi cercherete di negare la magia che avete fatto cercando di liberarvi di loro. Anzi, se siete così volubili, potreste benissimo vedere la vostra magia esaurirsi, come a dirvi che avete usato queste potere con leggerezza. Assicuratevi quindi di volere assolutamente ciò che chiedete e di essere pronti ad affrontare i risultati quando accadono. Certo che volete quella cosa, ma avete analizzato tutti i pensieri collaterali che questa vi provoca? E' necessaria anche una limpidezza nelle emozioni che questo incantesimo vi provocherà. Il desiderio in magia è essenziale proprio perché è il vero motore di essa, non deve essere ingolfato. Una volta che avete deciso di volere assolutamente qualcosa, dovete accendere questo motore al massimo. L'emozione è il carburante che alimenta la magia con la forza sufficiente a provocare un cambiamento. Quando si lancia un incantesimo, non deve essere la lettura piatta e senz'anima di poche righe.

Se volete che l'incantesimo sia efficace, dovete risvegliare le vostre emozioni e riversare il vostro cuore e la vostra anima nell'esecuzione dell'incantesimo. Dedicate quindi qualche minuto a riaffermare la vostra volontà prima di iniziare. Immaginate con forza il risultato che volete ottenere. Poi lasciate che questa immaginazione susciti una forte risposta emotiva. Se state facendo una magia per il denaro, digrignate i denti per la vostra attuale mancanza e desiderate ardentemente di essere abbastanza ricchi da permettervi le cose che volete. Se volete l'amore, il vostro cuore dovrebbe spaccarsi dal desiderio di essere amati. Se volete un partner sessuale, dovete provare un'intensa eccitazione sessuale e un forte desiderio. Se volete vendicarvi di un torto subito, dovreste essere infiammati dall'odio per il vostro nemico. Prendetevi tutto il tempo necessario per assicurarvi che sia così prima di iniziare.

Fiducia

È molto importante che concentriate tutta la vostra volontà sull'esecuzione del rituale e che consumiate tutte le vostre emozioni in esso, usando questa intensità per alimentare l'incantesimo. In questo modo, quando l'incantesimo sarà stato lanciato, e voi chiudete il rituale e ve ne andate, sarete in grado di lasciarlo agire. Questo non significa che "dimenticherete" il vostro rituale. Come potreste, se si tratta di qualcosa di così importante per voi? Ma non dovete più rimuginare o preoccuparvi. Dovete invece affrontare il mondo come se le vostre richieste fossero già state esaudite. Dovete agire con la certezza che la vostra magia abbia funzionato. Dopotutto, se il vostro incantesimo non è abbastanza potente da calmare i vostri dubbi, come potrà essere abbastanza forte da alterare la realtà al di fuori di voi? Dovete quindi mostrare una fiducia assoluta e quando penserete alla questione, sarà con la certezza che si sta risolvendo esattamente come volevate.

Manifestazione dei risultati

Se lanciate un incantesimo per aumentare il vostro denaro, è molto improbabile che un estraneo suoni semplicemente alla vostra porta porgendovi un plico di banconote. I risultati magici prendono sempre la strada più facile, probabile e accessibile quando si manifestano. Siamo sempre circondati da opportunità di ogni tipo. Ma spesso siamo ottusi e non vediamo la maggior parte di esse, tanto siamo assorbiti dalla routine quotidiana della nostra vita. La magia spesso agisce dandovi un pugno nelle costole inconscio, una sveglia che vi fa individuare un'opportunità d'oro che altrimenti vi sarebbe sfuggita. Se state facendo un lavoro senza prospettive e con uno stipendio basso, forse succederà che sentirete una spinta, da qualcosa che affiora dal profondo di voi stessi, a candidarvi per una posizione con uno stipendio molto migliore che normalmente avreste scartato. Poi otterrete il lavoro e la vostra situazione finanziaria migliorerà drasticamente. O forse vi ricorderete di alcuni oggetti da collezione che hanno preso polvere per anni, ma che un controllo su Ebay suggerisce possano valere molte centinaia di euro. O ancora, magari vi rendete conto che le persone apprezzino il canto e la chitarra che vi concedete come hobby e siano disposte a pagare per questo piacere. Tre semplici esempi, ma ci sono così tante opportunità che tutti noi abbiamo di fronte ogni giorno e che semplicemente non notiamo fino a quando qualche "intuizione" - suggerita dalla magia - non attira la nostra attenzione su di esse, con risultati che cambiano la vita. Se cercate l'amore o il sesso, forse l'unica cosa che vi impedisce di fare centro con la ragazza o il ragazzo che vi piace è il vostro nervosismo, timidezza o senso di inadeguatezza? Non siamo mai all'altezza di coloro che troviamo attraenti nella nostra immaginazione. Ma il fatto è che non lo sono nemmeno loro! E i gusti di ognuno sono diversi. Ognuno di noi è oggetto di desiderio da parte di qualcuno. Può darsi che la magia vi riempia semplicemente e improvvisamente del coraggio e della fiducia in voi stessi che prima vi mancavano, del carisma che serve, e vi guidi a pronunciare le parole giuste per sembrare affascinanti, spiritosi e attraenti. Altre volte un incantesimo funziona in modo molto più improvviso e inspiegabile di questi semplici esempi, producendo risultati a dir poco miracolosi. In linea di massima, però, i cambiamenti apportati seguiranno il percorso di minor resistenza, proprio come l'acqua che scorre lungo canali ben rodati, per poi rompere gli argini in caso di alluvione. Quindi, dopo i vostri incantesimi, mantenetevi sempre vigili. Siate sicuri che la magia sta funzionando, ma siate pronti a riconoscere e a cogliere le opportunità che vi si presentano, sapendo che sono quelle che avete chiesto.

I SETTE PECCATI CAPITALI

Si sostiene che i "sette peccati capitali" siano la motivazione di ogni azione malvagia nel mondo. Ma sono anche le forze motivanti alla base di ogni successo nella vita. Che queste potenti forze vengano utilizzate per il bene o per il male è interamente nelle nostre mani.

I sette peccati capitali sono:

- **Gola**

- **Accidia**

- **Lussuria**

- **Avidità**

- **Ira**

- **Invidia**

- **Superbia**

La gola è l'appetito per le cose belle della vita: cibi deliziosi e vini pregiati, che ci si concede con gusto e piacere. La golosità comprende l'intera esperienza sontuosa di banchetti e festeggiamenti in ambienti splendidi. Nel peggiore dei casi è un comportamento che crea dipendenza e porta all'ubriachezza e all'obesità, ma nel migliore dei casi è piacere, allegria e soddisfazione. Senza una certa dose di gola, alla fine moriremmo di fame.

L'accidia è crogiolarsi nel comfort e nel relax, prendere la vita con calma e riposare, senza preoccuparsi di pressioni o scadenze. Nel peggiore dei casi, l'accidia è pigrizia e procrastinazione, con conseguente perdita di opportunità, reddito e cose di cui avremmo bisogno. Ma, al meglio, è riposo dopo le fatiche, è prendersi del tempo per se stessi invece che per gli altri, è la capacità di rilassarsi. Senza una certa dose di accidia, alla fine moriremmo di stanchezza.

La lussuria è l'apprezzamento della bellezza e dei piaceri della carne, la gioia del sesso e del piacere sensuale. Nel peggiore dei casi, la lussuria è possessiva e indiscriminata, ossessiva e tossica. Ma, al suo meglio, è l'apice delle gioie della vita, una celebrazione della carne e del piacere. Senza una certa misura di lussuria, il tasso di natalità crollerebbe e la specie umana si estinguerebbe.

L'avidità è il desiderio di denaro e ricchezza, l'accumulo di beni. Nel peggiore dei casi, l'avidità può essere egoista e corrotta, calpestando gli altri e usando qualsiasi mezzo per aumentare la propria fortuna senza riguardo per gli altri. Ma, al suo meglio, ci fornisce i mezzi per assicurarci tutte le necessità e le comodità della vita, fornendoci i mezzi per sostenere, nutrire, vestire e dare riparo a noi stessi e ai nostri cari. Senza una certa dose di avidità, non riusciremmo mai a raccogliere il necessario per la sopravvivenza e rimarremmo senza soldi e senza casa.

L'ira è la rabbia e la punizione verso chi ci ha fatto un torto. Nel peggiore dei casi, porta alla mancanza di autocontrollo, a un temperamento instabile, che danneggia coloro che professiamo di amare e attira una risposta ancora più ostile. Ma, nel migliore dei casi, ci fornisce la 'spina dorsale', la determinazione a farsi valere e a cercare giustizia quando abbiamo subito un torto. Senza una certa dose di ira, diventeremmo dei deboli che si lasciano calpestare da chi non ha scrupoli.

L'invidia è il sentimento di gelosia che si prova quando qualcun altro ha qualcosa che noi non abbiamo che desideriamo per noi. Nel peggiore dei casi, l'invidia può portare a un senso di amarezza e insoddisfazione permanente nella vita, con la tentazione di tradire e derubare.

Ma, al meglio, l'invidia ci dà la motivazione per migliorare noi stessi, stimolando l'ambizione di ottenere più di quanto abbiamo attualmente. Senza una certa dose di invidia, l'ambizione vacillerebbe e non sentiremmo più il bisogno di ottenere qualcosa nella vita.

La superbia è l'orgoglio, un sentimento di autostima, che consiste nel trovare valore nella propria persona, nel proprio aspetto e nei propri risultati. Nel peggiore dei casi, l'orgoglio può portare a essere un insopportabile spaccone, un noioso egocentrico che non parla d'altro che di se stesso ed è cieco a qualsiasi valore al di fuori del proprio essere. Ma nel migliore dei casi, l'orgoglio ci permette di tendere sempre alla perfezione, di dare il meglio di noi stessi in qualsiasi compito, perché sarebbe umiliante fare di meno. Senza una certa dose di orgoglio, saremmo creature sciatte, senza rispetto per noi stessi, prive di valori e principi.

Possiamo quindi vedere che **i sette peccati sono in realtà altrettante virtù e sono essenziali per ottenere le cose buone della vita**, non solo per noi stessi ma anche per gli altri. È solo quando non sono in equilibrio che diventano problematici, dando luogo a comportamenti eccessivi e ossessivi, quelli che la Chiesa e la società hanno condannato per tutti questi anni. Ma aspettate un attimo... non è forse vero che solo la Chiesa e l'alta società hanno avuto la possibilità di godere degli eccessi dei sette peccati capitali, mentre mettevano in guardia il resto di noi contro di essi? Non è così? Quanti di noi, leggendo queste righe, hanno più soldi di quanti se ne possano contare, sono in grado di partecipare a sontuosi banchetti ogni sera, hanno onestamente una vita sessuale piena, attiva e varia, che soddisfa ogni nostro desiderio? Non molti, direi. No, per la maggior parte di noi, ciò di cui abbiamo bisogno sono più peccati capitali, non meno! Per fortuna, esiste un modo per ottenere esattamente questo. Attraverso la magia.

SETTE DEMONI PER SETTE PECCATI

Nel Medioevo, sette potenti demoni erano associati ai sette peccati capitali. Si supponeva che questi demoni più importanti inviassero le loro legioni di folletti e servitori per fomentare il loro peccato preferito nei cuori degli esseri umani, riempiendoli di tentazioni e opportunità di indulgere. Negli incantesimi che trovate in questo libro, ci rivolgeremo a questi demoni affinché inviino le loro legioni per aiutarci a soddisfare i nostri desideri attraverso i peccati che rappresentano. I loro nomi, le loro sembianze e le loro qualità sono elencati in questo capitolo.

GOLA

Il demone signore della gola è Belzebù (Beelzebub), spesso chiamato 'il Signore delle mosche'. La mosca è una creatura che si nutre addirittura di escrementi ed è una rappresentazione appropriata di questo peccato. Belzebù assume spesso la forma di un enorme moscone. Belzebù è in grado di insegnare la vera natura del mondo e dei suoi abitanti, spesso utilizzando storie del passato per illustrare i principi di cui parla. Insegna molto della storia e delle scienze naturali. I suoi spiriti possono aiutarvi a vivere una vita confortevole e soddisfacente, in un ambiente piacevole e fornito di ogni bene. Quando avete bisogno delle necessità della vita: cibo sulla tavola, un tetto sopra la testa, vestiti sulle spalle - Belzebù può provvedere.

ACCIDIA

Il demone signore dell'accidia è Belfagor (Belphegor). Ha l'aspetto di un demone cornuto, stravaccato mollemente su una sedia. Ha una lunga coda prensile che gli permette di raggiungere le cose a distanza, senza doversi alzare. Se siete sovraccarichi di lavoro e di stress, se le pressioni sono troppe per voi, gli spiriti di Belfagor possono rendervi la vita più facile, trovando il modo di ridurre la tensione, di trovare il tempo per un adeguato riposo e relax. Nell'era moderna dello stacanovismo, Belfagor è un gradito sollievo e un campione del prendere la vita con calma. Lo stress è uno dei maggiori killer di oggi e Belfagor ne è perfettamente immune.

LUSSURIA

Il demone signore della lussuria è Asmodeo (Asmodeus). È descritto come un uomo forte e potente con tre teste: la prima è quella di un toro, la seconda è umana e la terza è una testa d'ariete. Dalla sua bocca escono fiamme. Ha i piedi palmati come un'oca e la coda di un serpente. Siede su un drago e porta uno stendardo su una lancia. Oltre a incitare alla lussuria in tutte le sue forme, ad Asmodeo si attribuisce l'insegnamento dell'astronomia, dell'aritmetica, della geometria e dell'artigianato. Gli spiriti di Asmodeo conoscono tutti i vostri desideri più profondi e oscuri e saranno lieti di aiutarvi a realizzarli, trovando e attirando partner adatti per il sesso, la lussuria e la passione.

AVIDITÀ

Il demone signore dell'avidità è Mammona (Mammon). Mammona ama il denaro sporco e tutti i simboli del successo. La ricchezza, il denaro e tutte le loro manifestazioni visibili e tangibili sono in suo potere. Mammona appare come un uomo avaro con uno sguardo penetrante, seduto su una sedia mentre stringe le sue borse d'oro. Gli spiriti di Mammona attireranno il denaro verso di voi da ogni parte, aumentando la vostra ricchezza personale e i vostri possedimenti smisuratamente.

IRA

Il demone signore dell'ira è Satana (Satan) stesso, il che non sorprende visto che il suo nome significa "avversario" o "accusatore". Ha molte forme: a volte appare come un leone ruggente, a volte come un enorme uomo dalla pelle rossa con occhi di fuoco, a volte come il tradizionale diavolo cornuto del Medioevo, con ali di pipistrello e zoccoli. I servitori di Satana vi aiuteranno a fare giustizia ogni volta che sarete parte lesa, facendo piovere castighi e punizioni sulla testa dei vostri nemici.

INVIDIA

Il demone signore dell'invidia è il Leviatano (Leviathan), il drago senza tempo del vuoto, il serpente le cui spire avvolgono l'intero universo. Il Leviatano è un distruttore di confini, un essere che non resta rinchiuso nei limiti che imprigionano gli altri. Può sussurrare al vostro orecchio i segreti del Vuoto, rivelando tutto ciò che c'è da sapere del cosmo, degli dei, degli uomini e dei demoni. Queste cose sono banali per la sua antica coscienza. Le legioni del Leviatano possono ignorare tutti gli ostacoli e le barriere e portarvi le cose che desiderate e che sembrano fuori portata. Non importa quanto impossibile sia il vostro desiderio, loro troveranno un modo.

SUPERBIA

Il demone signore della superbia è Lucifero (Lucipher). È il principe della dignità personale e della sovranità. È la luce della stella del mattino. Lucifero ha molte sembianze, ma il più delle volte appare come un bellissimo giovane, assolutamente radioso. Gli spiriti di Lucifero possono fare in modo che riceviate il riconoscimento e la ricompensa che meritate, facendovi ricoprire di onori e dignità. Con Lucifero al vostro fianco, non sarete mai più lasciati da parte.

Nota: il nome di tutti questi demoni è stato storicamente italianizzato ed è con i nomi italiani che molti dei lettori avranno maggiore familiarità.

Tra parentesi trovate il nome nella sua grafia originale (Per cui, ad esempio, Belzebù deriva dalla parola ebraica Beelzebub). Le evocazioni sono scritte utilizzando il nome italiano ma, se preferite, niente vi impedisce di usare i nomi originali.

LE INVOCAZIONI

Gli incantesimi e le invocazioni contenuti in questo libro sono stati semplificati e resi il più possibile semplici e diretti da eseguire. Tuttavia, essi richiamano efficacemente gli spiriti oscuri e suscitano potenti forze psichiche che cambieranno la vostra vita e il mondo che vi circonda. Assicuratevi quindi di aver letto il capitolo "Come funziona la magia" e di essere sicuri di ciò che volete, prima di iniziare. L'unico equipaggiamento necessario per ogni incantesimo è un tavolino da usare come altare, un panno per coprire l'altare, una candela e un porta candele. Il colore della candela è diverso per ogni incantesimo, poiché ognuno dei sette peccati capitali e i loro spiriti hanno colori diversi associati. In ogni rito usiamo una candela del colore appropriato per sintonizzarci con l'energia con cui stiamo cercando di entrare in contatto. Il telo può essere bianco o nero, entrambi vanno bene. Oppure, se avete una selezione di panni colorati (le sciarpe di raso colorate sono molto economiche e disponibili online), potete usare un panno che corrisponda al colore della candela, rafforzando così l'associazione. In magia, più si riesce ad associare il simbolismo al proprio scopo, meglio è.

Nota: troverete che alcune raccomandazioni sono ripetute in ogni incantesimo, questo è per permettervi di accedere velocemente a tutte le informazioni di cui avete bisogno, ogniqualvolta decidiate di ricorrere alla magia per una vostra necessità. L'idea del Maestro Kelly è che questi grimori possano essere usati come rapido riferimento, potendoli aprire alla pagina che vi serve trovando subito tutto il necessario a portata di mano, senza dover leggere introduzioni e note generali.

Naturalmente, se questa è la vostra inclinazione, potete documentarvi ulteriormente sui Demoni di questo grimorio, raccogliendo quante più informazioni potete su di essi, per formarvi un'immagine più vivida di loro, ma al fine della buona riuscita degli incantesimi, questo non è necessario. Troppo a lungo gli occultisti si sono persi nell'eccessivo studio della teoria trascurando la pratica. Se volete davvero conoscere quali cose un Demone può fare per voi, chiederglielo direttamente è sempre la migliore idea.

INVOCAZIONE AL POTERE DELLA GOLA

L'invocazione del potere della gola può essere usata per incanalare il potere di Belzebù e dei suoi spiriti. Lo scopo principale di questa invocazione è quello di soddisfare i vostri bisogni materiali immediati, se vi manca il cibo o un riparo, e di assecondare al massimo i vostri sensi fisici, i vostri appetiti e i vostri piaceri. L'incantesimo dovrebbe essere eseguito un lunedì sera a mezzanotte. Preparate l'altare coprendolo con un panno. Al centro del panno va posta una candela bianca nel suo supporto. Accendete la candela. Concentratevi per un paio di minuti sul vostro desiderio, visualizzandolo intensamente. Recitate le seguenti parole:

Io [il vostro nome], ti chiamo e ti evoco qui
Demone Signore della Gola,
Signore delle Mosche,
Vieni, BELZEBÙ' Vieni,
BELZEBÙ' Vieni,
BELZEBÙ'

Ripetete queste parole altre due volte, recitando l'evocazione tre volte in totale, concentrandovi e raggiungendo il giusto stato mentale. Aspettate di sentire la presenza dello spirito nella stanza con voi. Di solito viene percepita come una presenza alle vostre spalle. Non voltatevi per nessun motivo, perché questo romperebbe l'incantesimo!

Quando sentite la presenza, dite:

BELZEBÙ', desidero e ho fame di quelle cose di cui ho urgente bisogno: [.....]

Ora descrivete chiaramente ciò che desiderate che accada. Immaginate con forza di vedere esauditi tutti i vostri desideri. Le cose che vi mancavano stanno arrivando e le avrete in abbondanza! Siate certi di questo. Quando avrete saziato completamente la vostra volontà, le vostre emozioni e la vostra immaginazione, investendole tutte nell'incantesimo, dite:

Ti ringrazio, BELZEBÙ'.
Che la pace e l'amicizia rimangano tra noi.

Sentirete la presenza allontanarsi rapidamente. Ora spegnete la candela e pronunciate le parole conclusive:

Così sia!

Questo incantesimo deve essere ripetuto ogni notte a mezzanotte per un totale di sette notti, quindi da lunedì a lunedì.

INVOCAZIONE AL POTERE DELL'ACCIDIA

L'invocazione di potere dell'accidia può essere usata per incanalare il potere di Belfagor e dei suoi spiriti. Lo scopo principale di questa invocazione è quello di rimuovere qualsiasi causa di stress, ansia e sovraccarico di lavoro, di portare il sonno e il riposo se si soffre di insonnia o di incubi, e di rendere in generale la vita rilassata e piacevole, rallentandone il ritmo frenetico. L'incantesimo va eseguito il mercoledì sera a mezzanotte. L'altare deve essere preparato coprendolo con un panno. Al centro del panno va posta una candela azzurra nel suo supporto. Accendete la candela. Concentratevi per un paio di minuti sul vostro desiderio, visualizzandolo intensamente. Recitate le seguenti parole:

Io [il vostro nome], ti chiamo e ti evoco qui
Demone Signore dell'Accidia,
Signore della vita facile e della comodità,
Vieni, BELFAGOR Vieni,
BELFAGOR Vieni,
BELFAGOR

Ripetete queste parole altre due volte, recitando l'evocazione tre volte in totale, concentrandovi e raggiungendo la massima intensità.

Aspettate di sentire la presenza dello spirito nella stanza con voi. Di solito viene percepita come una presenza alle vostre spalle. Non voltatevi in nessun caso, perché questo romperebbe l'incantesimo!

Quando sentite la presenza, dite:

BELFAGOR, desidero riposo e rilassamento del corpo e della mente[...]

Descrivete chiaramente cosa desiderate che accada. Immaginate con forza che tutti i vostri desideri si realizzino. Il sollievo dalle tensioni e il riposo dalle ansie stanno arrivando! Siate certi di questo. Quando avrete saziato completamente la vostra volontà, le vostre emozioni e la vostra immaginazione, investendole tutte nell'incantesimo, dite:

Ti ringrazio, BELFAGOR.

Che la pace e l'amicizia rimangano tra noi.

Sentirete la presenza allontanarsi rapidamente. Ora spegnete la candela e pronunciate le parole conclusive:

Così sia!

Questo incantesimo deve essere ripetuto ogni notte a mezzanotte per un totale di sette notti a partire dal mercoledì iniziale.

INVOCAZIONE AL POTERE DELLA LUSSURIA

L'invocazione di potere della lussuria può essere usata per incanalare il potere di Asmodeo e dei suoi spiriti. Lo scopo principale di questa invocazione è attrarre l'amore e/o il piacere sessuale nella vostra vita. A seconda dei vostri obiettivi e desideri, potete attrarre un partner per la vita o una serie di esperienze carnali transitorie. Aumenterete la fiducia in voi stessi e il vostro carisma per attirare persone che vorranno fare sesso con voi. L'incantesimo va eseguito il venerdì sera a mezzanotte.

L'altare deve essere preparato coprendolo con un panno. Al centro del panno va posta una candela rossa nel suo supporto.

Accendete la candela. Concentratevi per un paio di minuti sul vostro desiderio, visualizzandolo intensamente. Recitate le seguenti parole:

Io [il vostro nome], ti chiamo e ti evoco qui Demone Signore della Lussuria, Signore della lascivia e dell'estasi sessuale, Vieni, ASMODEO Vieni,

ASMODEO Vieni, ASMODEO

Ripetete queste parole altre due volte, recitando l'evocazione tre volte in totale, concentrandovi e raggiungendo il culmine delle emozioni. Aspettate di sentire la presenza dello spirito nella stanza con voi. Di solito viene percepita come una presenza alle vostre spalle. Non voltatevi in nessun caso, perché questo romperebbe l'incantesimo! Quando sentite la presenza, dite:

ASMODEO, desidero l'appagamento delle mie voglie e dei miei desideri sessuali[...]

Qui descrivete chiaramente cosa desiderate che accada. Immaginate con forza di vedere realizzati tutti i vostri desideri. Se desiderate una persona in particolare, nominatela e immaginate con chiarezza che faccia l'amore con voi. I piaceri della sua compagnia o i piaceri sensuali in generale saranno vostri! Siate certi di questo. Quando avrete saziato completamente la vostra voglia, le vostre emozioni e scatenato la vostra immaginazione, investendole tutte nell'incantesimo, dite:

Ti ringrazio, ASMODEO. Che la pace e l'amicizia

rimangano tra noi.

Sentirete la presenza allontanarsi rapidamente. Ora spegnete la candela e pronunciate le parole conclusive:

Così sia!

Questo incantesimo deve essere ripetuto ogni notte a mezzanotte per un totale di sette notti. (Quindi da venerdì a venerdì)

INVOCAZIONE AL POTERE DELL'AVARIZIA

L'invocazione di potere dell'avarizia può essere utilizzata per canalizzare il potere di Mammona e dei suoi spiriti.

Lo scopo principale di questa invocazione è attrarre denaro e ricchezza materiale nella vostra vita. A seconda dei vostri obiettivi e desideri, potrete attirare a voi la ricchezza, ottenere una promozione sul lavoro o un nuovo impiego, ottenere il capitale per avviare con successo un'attività in proprio, ottenere oggetti favolosi come automobili di lusso a prezzi incredibili e, in generale, circondarvi di tutti i simboli della ricchezza e del successo materiale.

L'incantesimo deve essere eseguito la domenica sera a mezzanotte. L'altare deve essere preparato coprendolo con un panno. Al centro del panno va posta una candela d'oro nel suo supporto (se non la trovate potete sostituirla con una candela bianca). Accendete la candela. Concentratevi per un paio di minuti sul vostro desiderio, visualizzandolo intensamente. Recitate le seguenti parole:

> *Io [il vostro nome], ti chiamo e ti evoco qui*
> *Demone Signore del denaro e del successo,*
> *Signore della ricchezza e del guadagno materiale,*
>
> *Vieni, MAMMONA, Vieni,*
> *MAMMONA Vieni,*
> *MAMMONA*

Ripetete queste parole altre due volte, recitando l'evocazione tre volte in totale, concentrandovi e raggiungendo la massima intensità del vostro intento. Aspettate di sentire la presenza dello spirito nella stanza con voi. Di solito viene percepita come una presenza alle vostre spalle. Non voltatevi in nessun caso, perché questo romperebbe l'incantesimo! Quando sentite la presenza, dite:

> *MAMMONA, desidero denaro, ricchezza e tutte le cose belle*
> *del successo materiale[...]*

Descriverete chiaramente cosa desiderate che accada. Immaginate con forza che tutti i vostri desideri si realizzino. Immaginate che il denaro si riversi su di voi, immaginatevi circondati da lusso e ricchezza. Tutti i vostri sogni finanziari e materiali saranno realizzati! Siate certi di questo. Quando avrete saziato completamente la vostra brama, le vostre emozioni e la vostra immaginazione, investendole tutte nell'incantesimo, dite:

Ti ringrazio, MAMMONA.
Che la pace e l'amicizia rimangano tra noi.

Sentirete la presenza allontanarsi rapidamente. Ora spegnete la candela e pronunciate le parole conclusive:

Così sia!

Questo incantesimo va ripetuto ogni sera a mezzanotte per un totale di sette notti, da domenica a domenica.

INVOCAZIONE AL POTERE DELL'IRA

L'invocazione di potere dell'ira può essere usata per canalizzare il potere di Satana e dei suoi spiriti.

Lo scopo principale di questa invocazione è di colpire coloro che vi hanno fatto un torto, di mettere a tacere i vostri nemici, di vendicarvi delle ingiustizie subite e di attaccare coloro che si mettono contro di voi. Satana porterà la distruzione sulla testa di chi se la merita. Le maledizioni sono una magia potente se alimentata dalla vostra rabbia, ma attenzione: devono essere usate solo contro coloro che cercano di farvi del male, mai per dispetto e mai per conto di altri. Infatti, se il vostro desiderio di vendetta non è autentico e personale, la vostra ira non sarà sufficiente a dirigere la magia invocata, che potrebbe invece consumarvi.

L'incantesimo deve essere eseguito il martedì sera a mezzanotte. L'altare deve essere preparato coprendolo con un panno. Al centro del panno va posta una candela nera nel suo supporto. Accendete la candela. Concentratevi per un paio di minuti sul vostro desiderio, visualizzandolo intensamente. Recitate le seguenti parole:

Io [il vostro nome], ti chiamo e ti evoco qui

Demone Signore della rabbia e della distruzione,

Signore del castigo e dell'ira terribile,

Vieni, SATANA Vieni,

SATANA Vieni,

SATANA

Ripetete queste parole altre due volte, recitando l'evocazione tre volte in totale, concentrandovi e raggiungendo la massima intensità. Aspettate di sentire la presenza dello spirito nella stanza con voi. Di solito viene percepita come una presenza alle vostre spalle. Non voltatevi in nessun caso, perché questo romperebbe l'incantesimo! Quando sentite la presenza, dite:

SATANA, la mia rabbia brucia dentro di me e desidero la caduta e la distruzione dei miei nemici[...]

Ora descrivete nel dettaglio cosa desiderate che accada. Immaginate con forza che coloro che vi hanno fatto un torto siano stati annientati dalla vostra corrente di volontà. Vedeteli agitarsi nel tormento, mentre i venti caldi della vostra ira li inceneriscono. Vedeteli rovesciati e abbattuti in un modo appropriato al disturbo che vi hanno causato. Sappiate che la vostra furia si compirà! Siate certi di questo.

Quando avrete saziato completamente la vostra volontà, le vostre emozioni e la vostra immaginazione, investendole tutte nell'incantesimo, dite:

Ti ringrazio, SATANA.

Che la pace e l'amicizia rimangano tra noi.

Sentirete la presenza allontanarsi rapidamente.

Ora spegnete la candela e pronunciate le parole conclusive:

Così sia!

Questo incantesimo deve essere ripetuto ogni notte a mezzanotte per un totale di sette notti.

INVOCAZIONE AL POTERE DELL'INVIDIA

L'invocazione di potere dell'invidia può essere usata per incanalare il potere del Leviatano e dei suoi spiriti. Lo scopo principale di questa invocazione è ottenere le cose che si desiderano ma che non si hanno ancora. Ciò che vi rende 'invidiosi' sarà diverso per ogni individuo e dipenderà dalla vostra personalità e dai motivi che vi spingono. Potreste essere invidiosi di un'auto nuova, di abiti costosi, dell'ultima console di gioco o di una collezione di oggetti rari. L'invidia sarà suscitata da quelle cose che gli altri possiedono e che voi bramate, ma che al momento non potete ottenere con i mezzi ordinari, a causa del costo, della rarità o di qualche altro fattore. In generale, questo incantesimo non farà perdere agli altri i loro beni, ma userà la vostra brama e il vostro desiderio - la vostra invidia - per creare un percorso affinché le stesse cose (o cose simili) vengano attirate verso di voi. Dovrete quindi tenere gli occhi aperti per cogliere queste opportunità. Questo incantesimo può essere molto potente nell'attirare verso di voi oggetti rari o perduti, come vecchi libri o oggetti antichi, così come nuovi oggetti che sono in disponibilità limitata.

L'incantesimo deve essere eseguito il giovedì sera a mezzanotte. L'altare deve essere preparato coprendolo con un panno. Al centro del panno va posta una candela verde nel suo supporto. Accendete la candela.

Prendetevi un paio di minuti per concentrarvi sul vostro desiderio, visualizzandolo intensamente. Recitate le seguenti parole:

Io [il vostro nome], chiamo ed evoco qui il LEVIATANO,
Drago dell'Abisso acquatico,
che porta le cose che desideri,
Vieni, LEVIATANO Vieni,
LEVIATANO Vieni,
LEVIATANO

Ripetete queste parole altre due volte, recitando l'evocazione tre volte in totale, concentrandovi e raggiungendo l'apice. Aspettate di sentire la presenza dello spirito nella stanza con voi. Di solito viene percepita come una presenza alle vostre spalle. Non voltatevi in nessun caso, perché questo romperebbe l'incantesimo!

Quando sentite la presenza, dite:

LEVIATANO, grandi sono il mio desiderio e la mia invidia,

bramo con grande desiderio[...]

A questo punto descrivete chiaramente ciò che desiderate che accada. Immaginate con forza che le cose che volete vi vengano portate, chiedete che le circostanze le mettano a portata di mano. Sappiate che i vostri desideri saranno esauditi! Siate certi di questo. Quando avrete saziato completamente la vostra volontà, le vostre emozioni e la vostra immaginazione, investendole tutte nell'incantesimo, dite:

Ti ringrazio, LEVIATANO. Che la pace e l'amicizia rimangano tra noi.

Sentirete la presenza allontanarsi rapidamente. Ora spegnete la candela e pronunciate le parole conclusive:

Così sia!

Questo incantesimo deve essere ripetuto ogni notte a mezzanotte per un totale di sette notti, a partire dal primo giovedì.

INVOCAZIONE DEL POTERE DELLA SUPERBIA

L'invocazione di potere della superbia, evoca l'orgoglio e può essere usata per incanalare il potere di Lucifero e dei suoi spiriti. Lo scopo principale di questa invocazione è ottenere riconoscimento e stima, sia per l'autostima che per il rispetto dei vostri pari.

La chiamata a Lucifero rende tutto il vostro essere radioso e carismatico, riempie la vostra mente di propositi e ambizioni e, in generale, potenzia tutte le vostre capacità non solo di dare il meglio di voi stessi, ma anche di ricevere il giusto riconoscimento e la giusta ricompensa per ciò che fate. Sarete visti come una persona da ammirare e da guardare come esempio.

L'incantesimo deve essere eseguito il sabato sera a mezzanotte. L'altare deve essere preparato coprendolo con un panno. Al centro del panno va posta una candela d'argento nel suo supporto.

Accendete la candela. Concentratevi per un paio di minuti sul vostro desiderio, visualizzandolo intensamente. Recitate le seguenti parole:

Io [il vostro nome], ti chiamo e ti evoco qui LUCIFERO,
Portatore di Luce, Stella del Mattino
il più luminoso e il migliore di tutti gli Angeli del Cielo,
Vieni, LUCIFERO, Vieni,
LUCIFERO Vieni,
LUCIFERO

Ripetete queste parole altre due volte, recitando l'evocazione tre volte in totale, concentrandovi e raggiungendoti con la mente. Aspettate di sentire la presenza dello spirito nella stanza con voi. Di solito viene percepita come una presenza alle vostre spalle. Non voltatevi in nessun caso, perché questo romperebbe l'incantesimo!

Quando sentite la presenza, dite:

LUCIFERO, Principe della luce e della gloria,
fammi risplendere con il tuo splendore,
io desidero[...]

Descrivete chiaramente cosa desiderate che accada. Immaginate con forza i cambiamenti nella vostra personalità e nella vostra vita quando il vostro carisma divamperà per dominare tutti e vi verrà mostrato il dovuto rispetto e riconoscimento per la vostra persona e le vostre azioni. Sappiate che i vostri desideri saranno esauditi e che la grandezza vi attende! Siate certi di questo.

Quando avrete saziato completamente la vostra volontà, le vostre emozioni e la vostra immaginazione, investendole tutte nell'incantesimo, dite:

Ti ringrazio, LUCIFERO.
Che la pace e l'amicizia rimangano tra noi.

Sentirete la presenza allontanarsi rapidamente. Ora spegnete la candela e pronunciate le parole conclusive:

Così sia!

Questo incantesimo va ripetuto ogni sera a mezzanotte per un totale di sette notti (da sabato a sabato).

CONCLUSIONE

Una volta che vi sarete abituati alla struttura di questi incantesimi e avrete imparato ad essere aperti e ricettivi alle opportunità che vi si aprono, scoprirete che tutti i vostri obiettivi diventeranno raggiungibili e che la vostra magia vi porterà risultati costanti e affidabili. Leggete e rileggete le linee guida iniziali di questo libro e, quando lanciate un incantesimo, impegnate davvero "tutta la vostra volontà, la vostra immaginazione e le vostre emozioni", come ho ripetuto: non ve ne pentirete.

Quando i vostri successi cominceranno a crescere e vi renderete conto di essere diventati una persona con carisma magico - un Iniziato - potreste decidere di voler approfondire gli studi, per imparare alcuni dei segreti più profondi della magia, di voi stessi e dell'Universo. In tal caso, i titoli sull'Iniziazione magica pubblicati da Michael Kelly potrebbero fare al caso vostro. Un elenco dei titoli attualmente disponibili (in italiano e in inglese) è riportato nelle prossime pagine. Chi desidera studiare e lavorare direttamente con il Club può iscriversi al Patreon di Michael Kelly (in lingua inglese).

La serie principale dei Titoli dell'Apophis Club

(in lingua inglese)

APOPHIS
Ægishjálmur: The Book of Dragon Runes
Dragonscales
Draconian Consciousness
Words of Power
The Grimoire of the Sevenfold Serpent
Gods and Monsters
Runes of Mann
The Sevenfold Mystery
Everything and Nothing
Runes of the Valiant
The Satanic Dragon
The Serpent's Promise
Rune-Shifting and Tarot Transformations
The Magical Vision of Anton LaVey

I Grimori Draconiani

(usciti in edizione italiana)

Incantesimi potenti con i tarocchi

Incantesimi con l'argilla

Evocare i mostri giapponesi

Magia delle fate per la casa

7 Peccati: incantesimi infernali

Come creare un Golem

LE GUIDE RAPIDE DELL'APOPHIS CLUB

(uscite in edizione italiana)

Come evocare gli spiriti

Come diventare un necromante

Come fare un viaggio astrale

Le maschere della persuasione

Leggere le persone

La magia sessuale

Come creare talismani

Leggere l'Ogham

Indice delle immagini

L'immagine dei peccati capitali: "Los siete peccados mortales", illustrazione allegorica da un libello stampato in Messico nel 1547

L'immagine di Belzebù è tratta da "Compendium rarissimum totius Artis Magicae sistematisatae per celeberrimos Artis hujus Magistros", 1775 Wellcome Library, London.

L'immagine di Mammona è di George Frederic Watts - Art UK

L'immagine del Leviatano è di Gustave Doré

L'immagine di Satana è di Mastro L. Cz. (incisore anonimo Tedesco)

Immagine di lucifero è di Gustave Doré.

Printed by Amazon Italia Logistica S.r.l.
Torrazza Piemonte (TO), Italy